似ていることば

おかべたかし・文

やまでたかし・写真

東京書籍

本書で取り上げた「似ていることば」には、大別すると２種類あります。まず、ことばが似ているもの。これは同音異義語や同訓異義語と呼ばれるもので、「制作／製作」「絞る／搾る」など、同じ読みでありながら異なる意味を持つことばです。もうひとつは、形が似ているもの。これは「アザラシ／アシカ」や「サンデー／パフェ」など、違いがよくわからないとされるものです。

こういった違いを写真によって一目で明らかにしようというのが、この本の狙いです。

本書は､ひとつの「似ていることば」に対して４ページで構成しています。初めの２ページには、似ている両者の写真が掲載されています。そしてめくったところに「どこが違うのか」という解説と、それに関連した情報を掲載しました。

掲載した「似ていることば」は全部で38組。これらは原則的に五十音順に並んでいます（「笹／竹」など音が違うものは、五十音順が早いものを前に並べて配列しています)。もちろん本の始めから読む必要はありません。パラパラとめくって気になったところか

らご覧ください。また「似ていることば」を分類する方法には、いろんな説がありますが、すべてに触れていてはこの本の性格も変わってしまうので、そのなかからひとつに絞って紹介していることをお断りしておきます。

なお、写真はすべて撮り下ろしたものです。撮影が困難だったものも少なくありませんが、そんな敢えて自ら撮っている姿勢も本書の中で楽しんでもらえたら幸いです。

文はおかべたかしが担当し、写真はやまでたかしが担当しました。

なお2013年2月と12月にも我々二人で、ことばの姿を写真に収めた『目でみることば』『目でみることば2』という本を出版しましたが、本書はその姉妹編ともいうべきものになっています。

「似ていることば」について、多くの人がその違いを曖昧に理解しているだけだと思います。本書をご覧になった方が、その違いをすっきりと理解するだけでなく、似ていることが生み出す物語も楽しんでいただけたら嬉しく思います。

——— おかべたかし

Part.3 た行 は行 ま行

似ているコラム

装丁&本文デザイン／佐藤美幸（keekuu design labo）　カバー&本文写真／やまでたかし

似ていることば

Part.1

あ行

明らむ

赤らむ

朝日で明るくなるのが「明らむ」

夕日で空が染まるのが「赤らむ」

「あからむ」は「明らむ」または「赤らむ」と表現できるが、前者は「夜が明けて空が明るくなること」を、後者は「赤みを帯びること」を意味する。もともと「あか」とは、光の感覚を表すことばで、「明るい」という意味が先にあり、ここから色の「赤」がうまれたとされる。なお「あかい」も「赤い」または「紅い」と表現できるが、前者は赤系の色の総称。一方、後者は、紅花で染めたような鮮やかな赤い色を指し、とりわけ「紅葉」など秋に色づく葉を形容するときに用いられる。この「明らむ」と「赤らむ」の撮影場所は、夕焼けの名所として知られる東京都荒川区の谷中銀座商店街の中にある階段「夕焼けだんだん」である。

食べ歩きが楽しい「赤らむ」名所

夕焼けの名所として知られる「夕焼けだんだん」は、東京都荒川区の谷中銀座商店街の中にある。ここは食べ歩きが楽しいことでも知られ、商店街の中で売られているビールやお酒、コロッケなどを手にそぞろ歩く人の姿をよく見かける。夕日を撮るために、何度もこの地に足を運んだやまでカメラマンは、いつもビールを飲んでいました。階段の上には、小さな酒屋があり、その店先にビールケースの椅子がありますので、ここで飲みながら夕焼けを待つのもいいですよ。

アサガオ

ヒルガオ

観賞用に栽培されるのが「アサガオ」

雑草扱いで露地に咲くのが「ヒルガオ」

朝に咲いて昼前にしぼむのが「アサガオ」で、昼を過ぎてもまだ咲いているのが「ヒルガオ」。こういった違いは、その名前からもよく知られているが、わかりやすい見た目の差は花の色だろう。アサガオは青や紫、赤など色とりどりなのに対して、ヒルガオの花はピンクである。また、アサガオは観賞用に栽培されるのに対して、ヒルガオはほぼ雑草扱いで露地などに咲くという違いもある。これはヒルガオが地下茎で増えるため、生い茂ると駆除が難しいという事情にも因るようだ。ちなみに、地下で茎がつながるヒルガオの花言葉は「絆」である。

朝の5時から始まる「入谷朝顔まつり」

アサガオの撮影に足を運んだのが「入谷朝顔まつり」。毎年7月の6日、7日、8日の3日間、東京・入谷の鬼子母神近くに100軒以上のアサガオ業者と、露店が立ち並ぶ日本最大の朝顔市である。アサガオは朝に咲くので、祭りのスタートはなんと朝の5時。試しに2千円の鉢をひとつ買ってみましたが、異なる色の大きな花が咲き、さすがに子どもが学校から持って帰ってくるのとはだいぶ違います。あと、この鉢を持って歩くとき、不思議と誇らしい気持ちになるというのも新たな発見でした。

アザラシ

アシカ

耳が穴になっているのが「アザラシ」

耳が盛り上がっているのが「アシカ」

水族館でよく見間違えるアザラシとアシカには、見分けるポイントが3つある。まずは、耳の形。アザラシの耳は穴が開いているだけなのに対し、アシカの耳は盛り上がっていて、はっきり見てとれる。次に泳ぎ方。アザラシは魚のように後ろ足を振って泳ぐのに対して、アシカは前足を鳥のように羽ばたかせて泳ぐ。最後に歩き方。アザラシは、芋虫が這うように体全体を使って少しずつ進むのに対して、アシカは前足で体を支えて前後の足で器用に進む。ざっくりとした印象でいえば、ずんぐりむっくりで可愛いのがアザラシで、軽快に動くのがアシカ。似ているけれど、アザラシ科とアシカ科という異なる科に分類される両者は、大きく違うのである。

違いをショーで教えてくれる「しながわ水族館」

「アザラシとアシカはどう違うの？」というのは、どの水族館でもよく尋ねられるようで、その違いを説明するパネルを展示しているところも少なくない。東京都品川区にある「しながわ水族館」では、アザラシショーのときに本物のアザラシの耳を指差しながら「ほらアザラシは耳が穴になっていますね」と、その違いを説明してくれます。ぜひ実際に足を運んでその違いを観察してみてください。

足

脚

足首から下が「足」

太ももから下が「脚」

何となく曖昧に使い分けている人も多いであろう「足」と「脚」。その違いは「足」は足首から下を指し、「脚」は太ももから下を指すということだ。こういった使い分けは外国語にも見られ、英語なら足は「foot（フット）」で、脚は「leg（レッグ）」。イタリア語では「足」は「piede（ピエーデ）」で、「脚」は「gamba（ガンバ）」。Jリーグチーム「ガンバ大阪」のガンバはこのイタリア語に由来しているため、他チームのサポーターから「脚サポ」と呼ばれることもある。

カメラやイスを支えるのは「脚」

「三脚」などと表現するように、カメラやイスなどの器物を支えるものは「脚」。「足を運ぶ」や「足繁く通う」など、場所の移動を伴うものは「足」を使う。「脚」よりも「足」のほうが使う範囲が広く、「足が棒になる」などと「足」で全体を指すケースはあっても「脚跡」などと、脚が足首より下を指すことはありません。

あふれる

こぼれる

容量が一杯になったときは「あふれる」

容量に関係ないときは「こぼれる」

何かが外に出てしまうときに使う「あふれる」と「こぼれる」を使い分けるポイントには、その容量が関係してくる。写真のように、コップの容量が一杯になった末に外に出るのが「あふれる」。一方、容量に関係なく揺れたり倒れたりして外に出るのが「こぼれる」だ。涙は「あふれる」とも「こぼれる」とも表現するが、この基準を知っていれば、感情が高ぶり気持ちが満ちた末の涙は「あふれる」が適していると理解できるだろう。また、入れなくなった教室から人が「あふれる」や、ボールがグローブから「こぼれる」も、この規則に則っているのがよくわかる。

表面張力で浮かぶ針金のアメンボ

「あふれる」の写真を見ると、コップの表面がこんもり盛り上がっているのがわかる。これが表面をできるだけ小さくしようと水の分子と分子が引き合う、いわゆる表面張力と呼ばれる力の影響。針金で作ったアメンボも表面張力があるため浮かべることができる。ただ、ここに洗剤を入れると、洗剤に含まれる成分によって表面張力が弱くなり、アメンボは沈んでしまうのです。

現す

表す

出現するのが「現す」

表現するのが「表す」

なかなか使い分けるのが難しいのが「あらわす」ということば。特に「現す」と「表す」の使い分けに迷うケースが多いが、そのポイントをシンプルにいえば「出現するのが現すで、表現するのが表す」となる。「現す」は、太陽が姿を見せるように隠れていたものが見えるときに使うので、「症状が現れる」なども使う。「表す」は、LOVEサインのように心に思うことを表現するときに使うもので、「気持ちを音楽で表す」など、音楽や美術の表現にも用いる。なお、「現す」「表す」の送り仮名は「現わす」「表わす」と書くケースもあるが、どちらも間違いではない。

ブラジルでは6月12日が「恋人の日」

2014年6月12日、ブラジルワールドカップの開幕戦でゴールを決めたブラジルのネイマールが手でハートマークを作ったが、この日がブラジルで「恋人の日」だったこともあってより大きな話題になったという。この恋人の日は、聖アントニオという縁結びの聖人の命日の前日にあたり、恋人たちが写真立てを贈り合う習慣があるそうだ。日本にも4月14日の「オレンジデー」という恋人の日のような記念日があり、果物のオレンジやオレンジ色のプレゼントを贈り合う恋人もいるそうです。

あんみつ

みつ豆

あんこが乗っていないのが「みつ豆」

あんこが乗っているのが「あんみつ」

甘味としてお馴染みの「あんみつ」と「みつ豆」だが、改めてその違いを問われると、答えに窮する人も多いのではないだろうか。そもそも、こういった甘味の原点となっているのは「みつ豆」である。元祖とされる浅草の「舟和」が、初めて作ったみつ豆は、赤エンドウ豆に寒天、ぎゅうひ、杏に蜜を加えたもので、豆に蜜をかけたから「みつ豆」というわけだ。これが全国に広まる過程で、あんこを乗せたものが「あんみつ」と言われ、この「あんみつ」にアイスクリームを乗せたものが「クリームあんみつ」と呼ばれるようになった。つまり「あんみつ」と「みつ豆」の違いは、「あんこ」の有無ということになる。ややこしさの一因は、「餡みつ豆」と呼ぶべきところを「あんみつ」としたところにあるのだろう。

みつ豆の元祖・浅草「舟和」

取材にご協力いただいたのは、初めて喫茶店で「みつ豆」を提供したとされる東京・浅草「舟和」。創業明治35年（1902年）の同店が、みつ豆を初めて出したのは明治36年のこと。大正時代には「みつ豆ホール」という名前で、みつ豆を提供していたというから、この甘味の昔からの人気ぶりが窺い知れる。ちなみに同店では、みつ豆よりあんみつが人気で、それよりもクリームあんみつが人気だそうです。

池

湖

小さな水たまりが「池」

大きな水たまりが「湖」

同じように水をたたえる「池」と「湖」の違いは、その大きさにある。簡単にいえば、小さいもの、とくに庭にあるようなものは「池」。そして琵琶湖に代表される大きなものが「湖」だ。では「沼」は何かといえば、池よりは大きなものだが、湖よりも小さいものとは言い切れず、印旛沼のような湖よりも大きな沼もある。では、何が沼を定義するのかといえば水の深さで、だいたい水深5メートル以下で、中央部まで水生植物が茂っているものを指している（ただし例外的に深い沼もある）。写真の池は、山梨県の忍野（おしの）村のもので、湖は静岡県にある田貫湖（たぬきこ）。

8つの池を巡り歩く「忍野八海」

美しい池を撮影しようと訪れたのが、山梨県忍野村にある忍野八海。ここにはその昔、忍野湖という湖があったが、これが富士山の噴火活動などの影響によって枯渇。その代わり、この地に残った富士山の伏流水を水源とする湧水池ができ、そのなかで代表的な８つの池を称したのがこの忍野八海だ。豊かな自然のなか、小さな池を巡り歩くのは、なかなか気持ちよかったです。

糸こんにゃく

白滝

こんにゃくの材料を湯に押し出して作るのが「白滝」

出来上がったこんにゃくを突いて作るのが「糸こんにゃく」

「糸こんにゃく」と「白滝」の違いは、その作り方にある。まず糸こんにゃくは、出来上がった普通のこんにゃくを写真のような「突く」機械で押し出して作る。これに対して白滝は、こんにゃくの材料を湯の中に糸状に流し込み固めていく。この湯の中に落ちる様が「滝」のように見えるから「白滝」というわけだ。両者の材料は同じであるため、当然、栄養価なども同じ。ただ、一般的に白滝のほうが細くて味が滲（し）みやすいため、鍋など多様に用いられるという。なお、関西では糸こんにゃくも白滝も総じて「糸こんにゃく」と呼ぶケースが多い。

三代に渡って作られる「樋川商店」のこんにゃく

今回、取材にご協力いただいたのは東京都大田区蒲田の樋川商店。初代・樋川友祐さんが55年前に創業して、現在は二代目の樋川和晴さんと、三代目・樋川翔祐さんが中心となって製造している。糸こんにゃくと白滝では、鍋の需要がある白滝のほうが圧倒的に生産量が多いという。一年を通して味の変わらないイメージのあるこんにゃくだが、やはり芋が採れる秋に作ったものがいちばん美味しいそうだ。卸売りが中心ですが、足を運べば小売りもしてくれます。

イモリ

ヤモリ

全身にウロコがあるのが「ヤモリ」

おなかの色が赤いのが「イモリ」

どことなく似たビジュアルで、名前も似ている「イモリ」と「ヤモリ」。古くから混同されてきたので、「井戸を守っているのがイモリ（井守）」で、「家を守っているのがヤモリ（家守）」と言われてきた（つまり水辺にいるのがイモリで、家にいるのがヤモリ）。そんな両者のわかりやすい見た目の差は、おなかの色だ。写真のように、イモリは「アカハラ」とも呼ばれるようにおなかが赤い。一方、ヤモリの特徴は全身のウロコと、手足の吸盤。この吸盤で家の中を這い回るヤモリは爬虫類で、水辺にいるイモリは両生類という違いもある。

スキンシップもできる「横浜亜熱帯茶館～爬虫類Cafe～」

撮影にご協力いただいたのが「横浜亜熱帯茶館～爬虫類Cafe～」。写真のイモリは、沖縄県の渡嘉敷島などに生息する「シリケンイモリ」。一方、ヤモリは東南アジアに生息する「トッケイヤモリ」。「横浜亜熱帯茶館」は、中国茶などを飲みながらカメやトカゲとも直接触れ合うこともできるお店。オーナーが女性ということもあって、上品なインテリアが配された店内はとても居心地がよい空間ですので、横浜観光の際にぜひ立ち寄ってみてください。

似ている理由は面白い

～国旗を調べて気づいたこと～

「似ているもの」は「ややこしい」と敬遠されがちです。しかし、その似ている理由には、面白いものが少なくありません。

たとえば、世界の国旗には、似ているものがたくさんありますが、その理由はなかなかどれも興味深いのです。

多くの人が、漠然と「アフリカの国旗は似ている」と、思っていることでしょうが、これはもちろん偶然ではなく、意図して似たものになっているのです。

お手本になったのは、エチオピアの国旗です。アフリカに現存する最古の独立国といわれるこの国の国旗は、「緑・黄・赤」に星のマークがデザインされていますが、1957年、イギリスから独立したガーナがこれを真似たことから、その後、ヨーロッパ諸国から独立したアフリカの国々がこれに

「アフリカンカラー」の国旗

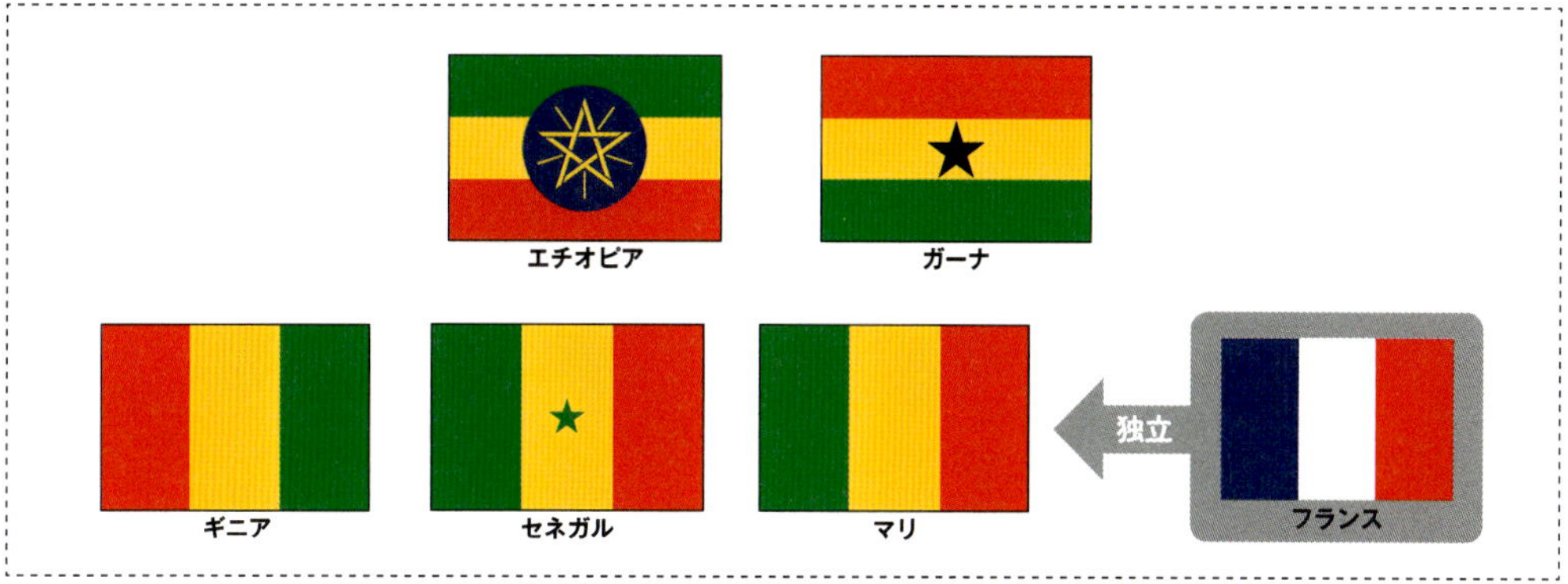

倣ったのです。

それゆえ、アフリカの多くの国がこの「緑・黄・赤」を使っており、この３色は「アフリカンカラー」と呼ばれるようになりました。

また、フランスから独立した、ギニア、セネガル、マリは、このアフリカンカラーを使いながらも、縦に３色を配したフランス国旗の形にも倣っています。ここからは、独立してからもフランスと良好な関係でいたいという、この３国の考えが見て取れるといいます。

この「アフリカンカラー」のように、同じような色を使っている国旗群は、他にもあります。アラブ首長国連邦、イラク、クウェート、シリアなどの中東諸国には、「赤・白・黒・緑」を使った国旗がありますが、これは「アラブの色」と呼ばれるもので、アラブ民族に向けて協調を呼びかけて

■「アラブの色」の国旗

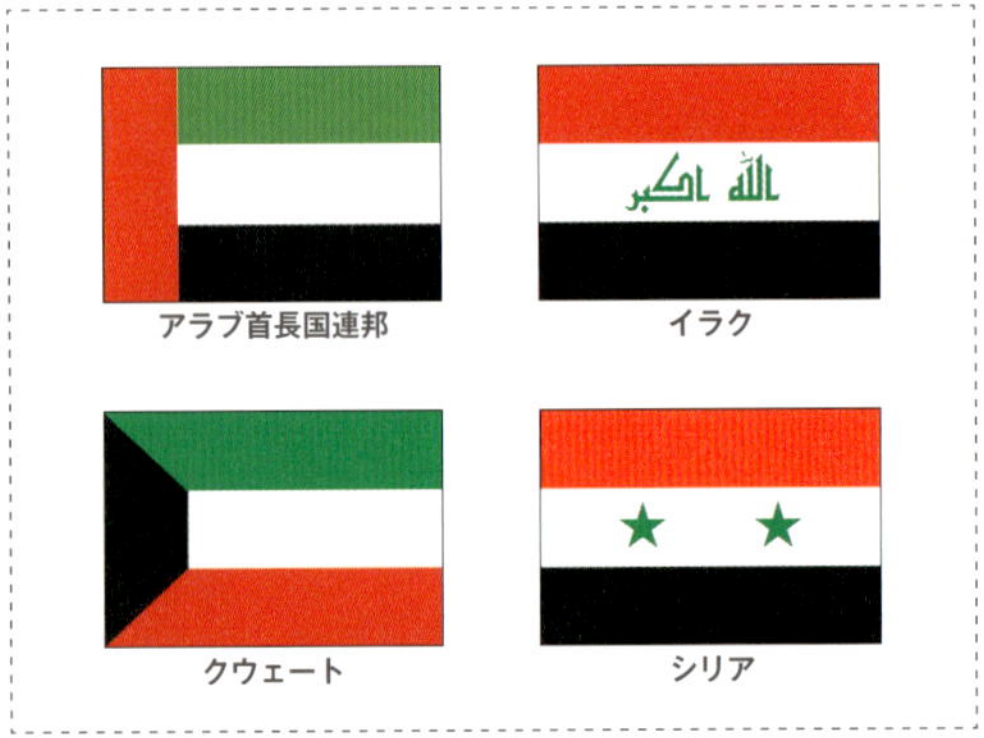

■「スラブの色」の国旗

いるといいます。

またクロアチア、スロバキア、チェコ、ロシアなどが使っている「赤・青・白」の3色は「スラブの色」と呼ばれ、スラブ語を話すスラブ人の国家であることを意味しています。

色だけでなく、形にも意味があります。ウズベキスタン、トルコ、マレーシア、モーリタニアなどの国旗には「三日月と星」が描かれていますが、これはもともと巨大帝国を築いたオスマントルコの旗に使われていたもので、これがイスラム教のシンボルとなっています。よって、この「三日月と星」を国旗にあしらった国は、みんなイスラム教の国なのです。

これと同じ理屈で、イギリス、ジャマイカ、スイス、デンマークなど、国旗に「十字」が見てとれる国は、キリスト教の国です。

■「三日月と星」の国旗

■「十字」の国旗

このように「アフリカの国旗は似ているな」という気づきから、少し調べるだけでこんなにも新しい知識を得ることができました（他にも「似ている国旗」にまつわる話はたくさんありますので、興味をもった方は調べてみてください）。私は、今回調べてみるまで、こういった話を知りませんでしたが、もっと幼いときにこの「似ている理由」を知っていれば、国旗に対する理解度が早くから高まっただろうにと、思わずにはいられません。

この本には、たくさんの似ていることばを収録しましたが、やはりその理由が面白いものがたくさんあります。似ているものは、なんとなく面倒だと敬遠するのではなく「おっ！　似ているぞ」と興味をもってみませんか？　きっといろんな発見があるはずです。そして「ややこしいもの」を、すっきりと整理して理解する力がアップすると思うのです。

「本物のざるそば」を知りませんか？

～まだある「似ていることば」① ～

本書では、38組の「似ていることば」を写真で紹介していますが、リストアップしたことばは、この3倍ほどありました。写真を撮らなかった理由は様々なのですが、本物を追い求めようとして断念したのが「ざるそば／もりそば」です。

「違いがわからないものは？」というアンケートで必ず名前が挙がる両者ですが、一般的には、海苔が乗っているのが「ざるそば」で、乗っていないのが「もりそば」とされています。ただ、もう少し調べてみると、その昔は、その名の通りざるで供したのがざるそばで、丼に盛ったのがもりそば。そして、ざるそばはもりそばより高級で、その汁は当時鰹より高級だった昆布でとられていたという説もありました。

となれば、この昔ながらの違いを受け継いでいるお店で写真を撮りたいと探したのですが、これが見つからない。麺に詳しい専門家などにも尋ねてみたのですが、結局発見できなかったので、撮影断念となったのです。今でも〝本物〟の「ざるそば／もりそば」を提供しているお店があれば、ぜひ行きたいと思っているのですが、どなたかご存知ないですか。

似ていることば

Part.2

か行 さ行

陰

影

光によって映し出される物の形が「影」

光によって物の後方にできる暗い部分が「陰」

光でできる黒い部分を言い表す「かげ」にも、2つの似ていることばがある。ひとつが、光によって物の後方にできる暗い部分の「陰」。地球儀のアジアの部分に光を当てると、反対側のアメリカ大陸などは暗くなるが、これが「陰」だ。もうひとつは、光によって映し出される物の形の「影」。地球儀に光を当てたときに、地面に映る地球儀の形が「影」というわけだ。英語でもこの両者は区別されており、「陰＝shade（シェイド）」「影＝shadow（シャドー）」となる。

「かげぼうし」の〝かげ〟は「陰」か「影」か？

「陰」と「影」の違いを理解していれば、慣用句の使い分けでも迷わない。人を裏から操るのは「陰で糸を引く」だし、まったく跡形もないのは「影も形もない」。裏方にもなり表舞台でも活躍することは「陰になり日向になり」で、人の形が浮かび上がるのは、もちろん「影法師」。やはり根本の違いを理解するのは、役に立つと思うのです。

形

型

形を生み出す元が「型」

線によって現れた姿が「形」

「かた」ということばは「形」「型」と２つの漢字で表現できるが、これを使い分ける基準を端的にいえば「形を作り出すのが型」となるだろう。「形」は、どんなものであっても線によって現れているもののこと。一方「型」は、その形を生み出すもの。たい焼きを、いくつも生み出すものはまさに「型」である。形は「shape（シェイプ）」で、型は「type（タイプ）」と英語で考えればわかりやすいだろうか。

昔ながらの
鉄の「型」で焼き上げる
「江戸川ばし 浪花家」のたい焼き

たい焼きにも「養殖モノ」と「天然モノ」があるのをご存知だろうか。養殖モノは、複数並んだ型で焼き上げたもの。これに対して天然モノは、ひとつの「型」で一匹ずつ焼き上げたものだ。今回、撮影に協力くださった「江戸川ばし 浪花家」も、この天然モノのスタイル。鉄の「型」で一匹ずつ作られたたい焼きは、強い火力で焼くことができるため皮がパリッとしていてとても美味しい。東京・地下鉄江戸川橋駅から歩いてすぐの地蔵通り商店街にあります。

蛾

蝶

羽を開いて止まるのが「蛾」

羽を閉じて止まるのが「蝶」

蛾（が）と蝶（ちょう）は、ともに鱗翅目（りんしもく。鱗粉が付いている翅（はね）をもっているグループ）に分類される同じ仲間だが、見分けるための主立ったポイントが3つほどある。

①夜に行動するのが蛾。昼に行動するのが蝶。

②触覚がクシの歯や糸状になっているのが蛾。触覚がこん棒状になっているのが蝶。

③羽を開いて止まるのが蛾。羽を閉じて止まるのが蝶。

なかでもパッと見てわかりやすいのが③であろう。ただ、これらの見分け方には例外もたくさんあり、羽を開いて止まる蝶もいれば、羽を閉じて止まる蛾もいる。

シャクトリムシは「蛾」の幼虫

蛾と蝶のグループはおよそ15万種類いるといわれるが、そのうちの9割が蛾の仲間。なじみ深い蛾には、幼虫期をみの虫の形として過ごすミノガや、体の曲げ伸ばしを繰り返すことで前に進むシャクトリムシが幼虫であるシャクガなどがいる。童謡「ちょうちょう」にも歌われるなど、よりなじみ深い蝶のほうが多いと思いきや、圧倒的に蛾のほうが多いのです。

壁

塀

建物の外部となるのが「壁」

土地の境界となるのが「塀」

普段、何気なく使い分けている「壁」と「塀」にも、使い分けの定義がある。まず、壁は、建物の外部となったり、内部を仕切ったりするもの。これに対して塀は、土地の境界となるもの。ざっくりいえば、土地を区切るためにわざわざ作った構造物が「塀」だといえよう。この考え方でいえば、かつて東西ベルリンの境界となっていた「ベルリンの壁」は、「塀」と表記するほうが正しいようにも思う。ただ「壁」は、大きな困難や、人と人を隔てるものといった意味も含むので「ベルリンの壁」のほうが、ふさわしかったのだろう。写真のレンガ壁は、神奈川県横須賀市の猿島にあるもの。レンガ塀は、明治・大正期にたくさんのレンガ工場があったという東京都荒川区の「あらかわ遊園」近くにあるもの。

神秘的なレンガ壁が残る「猿島」

現在は無人島であり、夏には釣りや海水浴客で賑わう横須賀市の猿島は、かつて日本陸・海軍が要塞として利用し、一般人の立ち入りが制限されていた場所。それゆえ島内には、軍事遺跡が残っているのだが、これらが島の緑と調和して実に不思議な光景となっていました。定期船に乗れば、およそ10分と手軽に行けるので、機会があれば足を運び島内を散策してみてください。

カレイ

ヒラメ

口が可愛いのが「カレイ」

口が恐いのが「ヒラメ」

平べったい魚といって思い浮かぶであろう「カレイ」と「ヒラメ」を見分けるポイントはその口にある。写真のようにおちょぼ口で可愛いのが「カレイ」で、裂け気味の口に尖った歯が見えて恐いのが「ヒラメ」である。こういった違いはカレイがゴカイなどの虫を食べるのに対して、ヒラメがイワシなどの魚を食べるという両者のエサの違いに起因している。なお、地方によってはカレイを「クチボソ」と、ヒラメを「オオクチ」と呼ぶ。

「左ヒラメに右カレイ」は正しい？

左ヒラメ　右カレイ

ヒラメとカレイを見分ける方法として名高いことばに「左ヒラメに右カレイ」がある。これはおなかを手前にしたとき、頭が左を向くのがヒラメで、右を向くのがカレイであることを意味している。ただし、アメリカなどのヒラメは、この向きが逆のものも多く、この説は日本だけで通用するものだそうです。

果物

野菜

木に実るのが「果物」

地面にできるのが「野菜」

「果物」は、もともと「木（く）の物」といったことから、本来は木に実る果実を指すことば。この定義を元に、野菜を果物に対するものと考えれば、地面にできるのが野菜といえるだろう。他にもわかりやすい分類としては、果物は何年も木に実り続ける多年生のものであるのに対し、野菜は収穫が終わると片付けられる一年生や二年生のもの。果物は実だけを食べるのに対して、野菜は葉や根など多用な部位を食べるといった分類法もある。またもっと単純に、ご飯といっしょに食べるのが野菜で、食後にデザートとして食べるのが果物といった考え方もある。

「果物」か「野菜」か、曖昧な存在の作物

「果物か野菜かわからない」という話題で、名前が挙がるのが「メロン」「イチゴ」「スイカ」など。その理由は、地面に実るのに、デザートとして食べられるためだろう。ただこういった曖昧な存在の作物は、まだ日本での歴史が浅いものが多い。それゆえ、その昔、まだ多種な作物が日本になかった頃であれば、「木に実るものが果物」という定義で、それほど問題はなかったようにも思う。なんでも「例外はある！」のですが、その昔の日本という枠組みで考えれば、すっきり区分けできるケースは多いように思うのです。

原料

材料

原形を留めているのが「材料」

原形を留めていないのが「原料」

「原料」と「材料」という似たことばを使い分ける基準は、元となったものの形の有無にある。つまりその原形を留めていないのが「原料」で、その原形を留めているのが「材料」だ。大豆を出発点にして考えてみると、豆の形を留めていない醤油は、大豆を原料とした調味料。豆の形が残っている納豆は、大豆を材料とした食品というわけだ。なお「原材料」ということばもあるが、これは「原料」と「材料」を足したもので、より広く元となったものを指している。

大豆が「材料」のテンペをご存知ですか？

あまり知られていないが、大豆を材料にした食品にはテンペというものもある。これはもともとインドネシア発祥の、大豆などをテンペ菌で発酵させた発酵食品の総称。この写真は、自然食品のお店で買ってきた大豆を材料とした「生テンペ」で、食べてみると納豆と違って粘りや匂いもなく、大豆そのままの美味しさが感じられた。「そのまま」という点において節分の豆に近く、子どものオヤツにも良さそうでした。

笹

竹

成長するとタケノコの皮がはがれるのが「竹」

成長してもタケノコの皮が残っているのが「笹」

一般的には、小さなものが「笹」で大きなものが「竹」と認識されているだろうが、両者にはもっと明確な違いがある。それが皮の有無。笹は成長しても表面を覆っていたタケノコの皮が残ったままだが、竹は成長するとこの皮がはがれるのだ。笹や竹といえば、パンダの大好物というイメージだが、熊の仲間のパンダは雑食性で、鳥やウサギ、ネズミなどの肉も食べるという。

東京の目黒区は「タケノコの名産地」だった

この笹と竹を撮影した場所は、園内に竹林が残る東京都目黒区の「すずめのお宿緑地公園」。現在の目黒区は高級住宅街というイメージが強いが、戦前までは竹林が多くタケノコの名産地として知られていた。地下茎を掘り起こし深く掘った溝に肥料を施して埋め直すタケノコ栽培法は、この目黒で盛んだったことから「目黒式」と呼ばれ、今でも全国的にその呼称が残っているそうです。

サンデー

パフェ

浅い皿に盛りつけるのが「サンデー」

深い器に盛りつけるのが「パフェ」

フルーツやアイスクリームが味わえるデザートとして人気の「サンデー」と「パフェ」には、それぞれこんな由来がある。まず、サンデーは日曜日に家族連れが露店などで食べる大衆的なデザートしてアメリカで広まったもので、一般的には背の低いグラスや浅い皿に盛りつける。一方パフェはフランス語で「完全な」という意味の「parfait（パルフェ）」を語源とするヨーロッパから広まったデザートで、時代とともに背の高い器に盛りつけられるようになったものだという。サンデーがパフェに比べて簡素な場合が多いのは、キリスト教の安息日である日曜日に、豪華なパフェを食べるのを遠慮したためという説もある。

40年以上こだわりのサンデーとパフェを作る「フルーツパーラー　フクナガ」

取材にご協力いただいたのは、東京・四谷三丁目で40年以上サンデーとパフェを供している「フルーツパーラー　フクナガ」。店主の西村誠一郎さんにとって「上から順番に食べていくのがパフェで、自由に食べていいのがサンデー」だと教えていただいたので、そう意識して食べてみました。すると、たしかに浅い皿に盛られたサンデーには、「どのフルーツから食べようかな？」という楽しみがあり、深い器に盛られ上から順に食べていくパフェには、「次は何かな？」という発見する楽しみがありました。サンデーとパフェのどちらを注文しようかと迷ったときは、こんな楽しみ方を基準に選んでみてはいかがでしょうか。

磁器

陶器

土の成分が多くザラザラしているのが「陶器」

石の成分が多くスベスベしているのが「磁器」

「焼き物」と呼ばれる器は「磁器」と「陶器」に分類されるが、その違いは石と土の含有量の差にある。石を砕いたものを多く含む磁器は、軽くて丈夫なうえ、電子レンジでも使えることから、家庭用食器として用いられることが多い。これに対して土を多く含む陶器は、質感が柔らかく、吸水性があるため使うごとに味わいに変化が見られるのが特徴。触った感じは、磁器はスベスベしており、陶器はザラザラしている。釉薬（ゆうやく）という上薬のため、その差がわかりにくいときは、器を裏返してお尻（高台）の部分を触ってみよう。ここは焼くときに接地するため上薬が付かず、その焼き物が持つ肌触りがそのまま現れているのだ。

普段使いの磁器・陶器に出会える「神楽坂 暮らす。」

取材にご協力いただいたのが「食卓を楽しむ日本の手仕事」というコンセプトで食器や雑貨を扱う「神楽坂 暮らす。」。店主・はるやまひろたかさんが選ぶ陶器や磁器、漆器やガラス食器などは、どれも手頃な値段で、今日から食卓に並べたくなるものばかり。東京・地下鉄神楽坂駅から徒歩2分の素敵なお店です。

絞る

搾る

押し付けるようにして水分を出すのが「搾る」

両手で強くねじって水分を出すのが「絞る」

水分を出す「しぼる」という動作にも、2つの「しぼる」がある。まず「絞る」は、両手で強くねじって水分を出す場合に用いる言葉。いちばん身近な例は雑巾を「絞る」だろう。もうひとつの「しぼる」は、写真のようにレモンなどを押し付けるようにして水分を出すときに用いる「搾る」。また「搾る」は、にぎって水分を取り出すときにも用いるため、乳牛から乳をとるときは「乳搾り」と表現する。

プロの搾る技術で作られた「バーリズム」のサイドカー

撮影にご協力いただいたのは、東京・三軒茶屋にある「バー リズム」のバーテンダー・東郷龍宏さん。東郷さんはレモンを搾る場合、まず黄色い皮をナイフでむいて半分にカットし、一房ごとにスクイーザーという搾り器の突起に押し当てて優しく搾っていく。レモンの中央にグサッと差し込んでグリグリする素人技とは、まったく異なる「搾る」で、当然、味にも大きな差がでる。こうして搾ったレモンジュースで作る東郷さんのサイドカーは、実に香り豊か。口当たりがトロッとしていて、とても美味です。

使用

利用

本来の目的で使うのが「使用」

本来の目的外で使うのが「利用」

日頃、何気なく口にしている「使用」と「利用」にも明確な使い分ける基準がある。ポイントとなるのは「使う目的」で、そのもの本来の目的で使うのが「使用」、本来の目的外で使うのが「利用」だ。写真のようにビールケースにビールを入れて運んでいれば「使用する」、そしてビールケースを机代わりにしていれば「利用する」というわけだ。「人を利用する」と聞くと自然と悪いイメージを抱くはずだが、それにはこういった基準があるからだ。

ビールケースを利用した机が心地よい高円寺の名店「やきとり大将」

撮影に協力いただいたのは、東京·高円寺にある「やきとり大将」。30年以上にわたってこの地で3店舗を構える同店の人気ぶりは、看板商品の焼き鳥を各店で1日1千本売るという数字からも窺い知れる。各店の軒先にはビールケースで作られた机があり、ここで風を感じながら飲むビールが最高に美味しいのです。写真はそんな大将の3号店。昔、この近くに住んでいたときよく行ったのですが、この撮影で15年ぶりにビールケースの机が使えました。いやー、懐かしくて感無量。また行きたい！

菖蒲

花菖蒲

蒲《がま》の穂のような花が「菖蒲」

大輪の鮮やかな花が「花菖蒲」

サトイモ科の「菖蒲（しょうぶ）」と、アヤメ科の「花菖蒲」は、まったく別物の花である。にもかかわらず同じような名前をもつのは、その葉っぱの形が似ていることに由来する。端午の節句のときに「ショウブ湯」に入るが、このとき用いられるのが菖蒲の葉っぱ。この葉っぱと形が似ていたため「花菖蒲」と名付けられたのだが、見事な花を咲かせる花菖蒲のほうが、各地で広く栽培されるようになり、いつのまにか「ショウブ＝花菖蒲」というイメージが強くなったのである。

「菖蒲祭り」は「花菖蒲祭り」なのです

毎年6月頃に各地で「菖蒲祭り」が開催されるが、ここで咲いているのは間違いなく「花菖蒲」。「菖蒲園」という庭園も各地にあるが、ここに咲いているのも「花菖蒲」。だから「菖蒲祭り」は、「花菖蒲祭り」なのです。「そんなの常識！」という方もおられるでしょうが、混乱している人のためにきっちり書いておきますね。

睡蓮

蓮

水上に突き出て咲くのが「蓮」

水に浮かんで咲くのが「睡蓮」

「睡蓮」が、同じ夏に咲く「蓮」と花が似ているから名付けられたことは、同じ「蓮」という漢字が用いられていることからもわかるだろう。では「睡」は何かといえば、朝に咲いて夜に閉じるその性質が、まるで人が睡る（ねむる）ようであることを意味している。ただ、たしかに花の形は似ているものの、睡蓮が水面に浮かぶように花を咲かせるのに対して、蓮は水上に突き出して花を咲かせるなど違いも多い（ただし熱帯産の睡蓮は高く茎を伸ばす）。他にも、睡蓮はもっぱら観賞用だが、蓮は「蓮根」である根だけでなく、「蓮の実」と呼ばれる種も食用されるという違いもある。

「はすっぱ」の語源は「蓮の葉っぱ」

浮ついていることや、他から影響を受けやすい人のことを「はすっぱ」といったりするが、この語源となっているのが蓮の葉っぱである。その昔、盆の供え物を盛るために蓮の葉っぱを売る商いがあったが、盆の時期が過ぎると何の役にも立たなくなることから、蓮の葉っぱ＝「はすっぱ」が、すぐに役に立たなくなることを意味するようになった。これが転じて軽薄な、とくに女性を「はすっぱな女」というようになったのである。ときおり、ざっくばらんで元気な女の子を形容するときに使われるが、褒めるためのことばではありません。

制作

製作

芸術品をつくるときは「制作」

実用品をつくるときは「製作」

同じ「つくる」ことを意味する「制作」と「製作」は、芸術品をつくるときは「制作」、実用品をつくるときは「製作」と、何をつくるのかによって使い分ける。写真のように同じ折り紙でも、鶴のような芸術品なら「制作」、箸置きのような実用品なら「製作」となるわけだ。こういった基準は会社の名前にも反映されており、ネジや車の部品をつくるような工場には「○○製作所」という名前が多く、一方、テレビ番組などをつくる会社は、総じて「制作会社」という呼称を使っている。

箸袋も「製作」できます

今や海外でも「ORIGAMI」ということばが通じるほど、折り紙は世界でも人気の日本文化。インターネット上では、様々なレシピ（折り方）を見ることができる。実用品もたくさんあり、こんな鶴の箸袋も折ることができるのです。とはいえこの箸袋、折るのがめちゃくちゃ難しく、私は早々にお手上げ。でも器用なやまでカメラマンが、ちょいちょいと折ってくれました。折りたい人は、ネットで検索してみてください。

「シャベルとスコップ」で見分ける関東人と関西人

「シャベルとスコップ」という似ている道具を調べていると、あるサイトに「関東と関西では、意味するものが逆である」と書いてありました。

京都出身の私にとって「大きいのがシャベル。小さいのがスコップ」というのは、疑ったこともない公式でしたが、これが逆？　子どもと砂場に行くとき「シャベルもって行こう！」って言うわけですか？

にわかには信じられないことでしたが、これが調べてみると本当だったのです。インターネットを使って全国のお友達に「これ本当？」と聞いてみると、東京を中心とする関東圏の人たちは「大きいのがスコップ。小さいのがシャベルだよ」と、口を揃えて言うのです。一方、私と同じ関西圏の人たちは「なんでやねん。小さいのがスコップやろ」「シャベルカーって言うから大きいほうがシャベルちゃうの。スコップカーとは言わんぞ」と、こちらも口を揃えて言います。また、サンプルが少ないのでなんとも言えませんが、三重県出身の二人は「シャベルは小さいのだけど、スコップはどちらも指す」と、なんとも玉虫色のお答えだったので、もしかしたらこのあたりが「シャベルとスコップ」

の意味するところが逆転する境界線なのかもしれません。また、園芸部だった知人からは「小さいのは移植ゴテと呼ぶ」という情報も寄せられました。

いずれにせよ、調査の結果「関東では大きいのがスコップで小さいのがシャベル。関西では、大きいのがシャベルで小さいのがスコップ」ということでほぼ間違いないと判明したのです（この法則に当てはまらない人もいるのですが、その場合、ご両親のどちらかが関西から関東に移住した、あるいはその逆というケースのような気がするのですが違いますか？）。

これまでも「関東と関西では、指すものが異なることば」には「ところてん」のようなものはありました。関東のところてんは酢醤油で食べるもの、関西のところてんは甘い蜜で食べるもの。同様に「たぬきうどん」も、関東では天かすをのせたもの、関西（というか京都）では餡でとじたも

あなたにとって、どちらがシャベルでどちらがスコップ？

のという違いもありました。しかし、この「シャベルとスコップ」のように、似たことばで関東と関西では指すものが逆というのは、他になかなかないように思います（ただ、思いつかないだけかもしれませんが）。

これ、関東人と関西人を見分けるのに、とても役立ちますよね。シャベルとスコップを地面に刺しておいて「シャベルとって」と言うだけで、一発判定。関東（あるいは関西）から紛れ込んだ忍者を発見したいとお悩みの城主の皆様、ぜひこの判別法を使ってみてください。

似ている漢字の覚え方

～爪にはツメがない～

《春つばき　夏はえのきに　秋ひさぎ　冬はひらぎに　同じくはきり》

これは木ヘンの似ている漢字を並べて、五七五調の歌にしたものです。順に「椿（つばき）」「榎（えのき）」「楸（ひさぎ＝アカメガシワやキササゲといった落葉樹の古名）」「柊（ひいらぎ）」「桐（きり）」という漢字に対応しているのですが、昔の人はこんな歌で「ややこしい漢字」を覚えたのです。江戸時代には、こういった歌を集めた「歌字尽し（うたじづくし）」という書物も出たといいますから、このような覚え方はかなり一般的だったのでしょう。

《点打てば　水は氷に木は本に　大に点あり　犬と読むなり》

この歌などは、詳しく解説せずとも意味がわかると思いますが、字を習い始めた子たちが覚えたであろうことが想像できます。

《みはうえに　おのれつちのと　したにつき　すでにやむのみ　なかほどにつく》

こちらは少し難しいかもしれませんが、順に「巳」「己」「已」という漢字を説明しています。いちばん上まで左の縦線をつなげる「巳（み）」とは、十二支のひとつ。次の下段の横棒から縦線が始まる「己（おのれ）」は、十干の「つちのと」にも当たる漢字。上段と中段の間から縦線が始まる「已（すでに）」は、訓読みをすると「やむ」や「のみ」とも読みます。

こういったややこしい漢字は、このような和歌だけでなく、より簡単な語呂遊びという形でも覚えられています。

《瓜に爪あり、爪に爪なし》

有名なもののひとつがこれですが、たしかに「爪」にはツメがありません。

《戌に棒あり、戊に棒なし》

十二支の「戌（いぬ）」には横棒がありますが、十干の「戊（ぼ）」にはありません。

現代では、試験に出る漢字がこういった語呂で覚えられています。

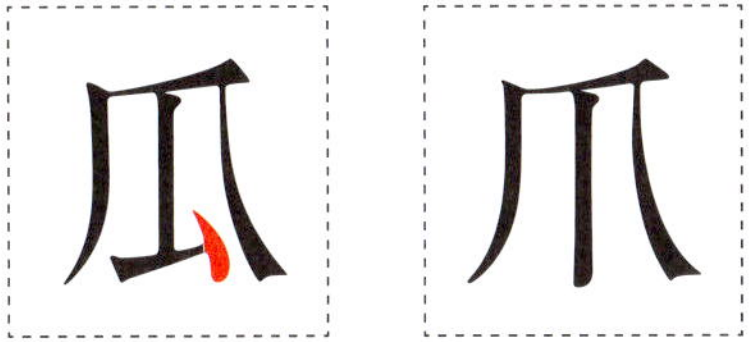

瓜にはツメがあるが、爪にはツメがない。

《訪問に口あり、専門に口なし》

同音漢字の使い分けは、よく試験に出ますが、なかでも間違いがちなものを語呂にしたのがこれ。「訪問」には、口のある「問」を使い、専門には口のない「門」を使うわけです。

このように和歌や語呂で「ややこしい漢字」を覚える方法は、現代に続く日本の文化。これからも廃れることなく、伝えられるといいなぁと思うのです。

「うたたね」は寝てもいい

～まだある「似ていることば」② ～

本編に写真付きでは紹介しなかったのですが、個人的に好きな「似ていることば」を２つ紹介します。

まず「恐い」と「怖い」。この両者の違いは、客観的か主観的かにあり「誰でもこわいものは恐い」「自分だけがこわいものは怖い」と使い分けます。「恐竜」などは、見た目がこわいものが多いですから「恐」がふさわしいことばなんですね。一方、「怖いものなし」や「怖いもの知らず」という表現は、まさに主観の話なので「怖い」が相応しいわけです。曖昧に使い分けている人も多いでしょうが、一度知ると悩まず選択できるところが好きです。

もうひとつが、「いねむり」と「うたたね」。どちらも無意識のうちに寝てしまうという意味ですが、あまり意識して使い分けたことはありませんよね。でも、ここにも明確な基準があって、寝ちゃいけないときに寝るのが「いねむり」で、寝てもいいときに寝るのが「うたたね」なのです。寝ていいと、寝ちゃダメという状況で使い分けることばがあるなんて、日本語って奥深いなと改めて思う「似ていることば」なのでした。

似ていることば

Part.3

た行　は行　ま行

対称

対照

釣り合っていることが「対称」

違いが際立っていることが「対照」

混同しがちな「対称」と「対照」には、それぞれこんな意味がある。まず「対称」は、釣り合っていることを意味し、左右で同じ構図などを「左右対称」と表現する。写真にある徳川家の菩提寺として有名な増上寺の大殿（本堂）は、まさに左右対称の構造物だ。一方「対照」は、照らし合わせる、見比べるといった場合や、両者の違いが際立っているときに用いることば。歴史を感じる増上寺の大殿と、その奥に見える赤い東京タワーは、まさに対照的といえるだろう。なお、英語で表現すれば、対称は「symmetry（シンメトリー）」で、対照は「contrast（コントラスト）」となる。

東京タワーも「左右対称」

増上寺の大殿と美しい「対照」を成す東京タワーも、こうして見上げると見事なほどに左右対称である。なお、電波塔としての役目を東京スカイツリーに譲った東京タワーは、ライトアップに力を入れるなど、観光タワーとして活発に活動中。各種イベントも開催されているので、素晴らしい増上寺との「対照」を見学に行った際に、立ち寄ってはいかがでしょうか。

卵

玉子

食べるものは「玉子」

産まれたものは「卵」

なじみ深いことばながら、使い分けるのが難しいという声が多い「卵」と「玉子」。その基準をわかりやすくいえば「料理したものだけに玉子を使う」ということだ。そもそも「玉子」というのは、玉のように素晴らしいという当て字で、本来は「卵」が正しい漢字。それゆえカエルが産んだものから、食卓に並ぶ料理まで「卵」と書いて問題ない。一方「玉子」は、料理されたものだけを指すので「玉子焼き」とは書くが「玉子が産まれる」とは書かない。料理ながら「ゆで玉子」よりも「ゆで卵」と書くケースが多いのは、形状が産まれたままだからであろう。また、スーパーなど販売されているものは「玉子」と書かれるケースが多いのは、「卵」から連想される生物的な印象を軽減させるためという説もある。

「ダチョウの卵」はカナヅチで割る

今回、撮影に使ったのがダチョウの卵。インターネット経由で購入したもので、およそ鶏卵20個分の容量で、値段は3千円少々といったところ。気になる味は、ニワトリよりも多少淡白であっさりした印象だが、それほど差は感じませんでした。それよりも割るのにカナヅチが必要な卵の殻が、明らかに異質でカッコよく今でも我が家のインテリアにしています。ホームパーティーなどにあれば、盛りあがること間違いなしのダチョウの卵。何かの記念日におひとついかがでしょうか。

特徴

特長

他より目立つ所が「特徴」

他より際立つ長所が「特長」

あまり意識したことはないかもしれないが「とくちょう」ということばは、その状況に応じて「特徴」と「特長」を使い分ける必要がある。まず「特徴」とは、他のものと比べてとりわけ目立つ点を指すことば。一方「特長」とは、特に優れた長所を指すことばである。写真の金太郎であれば、金の字の腹掛けは目立つけれど長所とはいえないので「特徴」。一方、大きなマサカリを担いだ太い腕は、金太郎の優れたところなので「特長」となる。

「金太郎伝説」が残る 神奈川県南足柄市

童謡「金太郎」にも歌われる足柄山とは、特定の山ではなく、神奈川県と静岡県の県境にある足柄峠を中心とする山地を指すことば。足柄山の麓に位置する南足柄市では、大雄山線の大雄山駅前に金太郎のブロンズ像を設置するなど「金太郎伝説の町」をＰＲしている。なお、この南足柄市だけでなく、長野県や静岡県、滋賀県や京都府など全国に20カ所以上金太郎の伝説が残る地があるそうです。

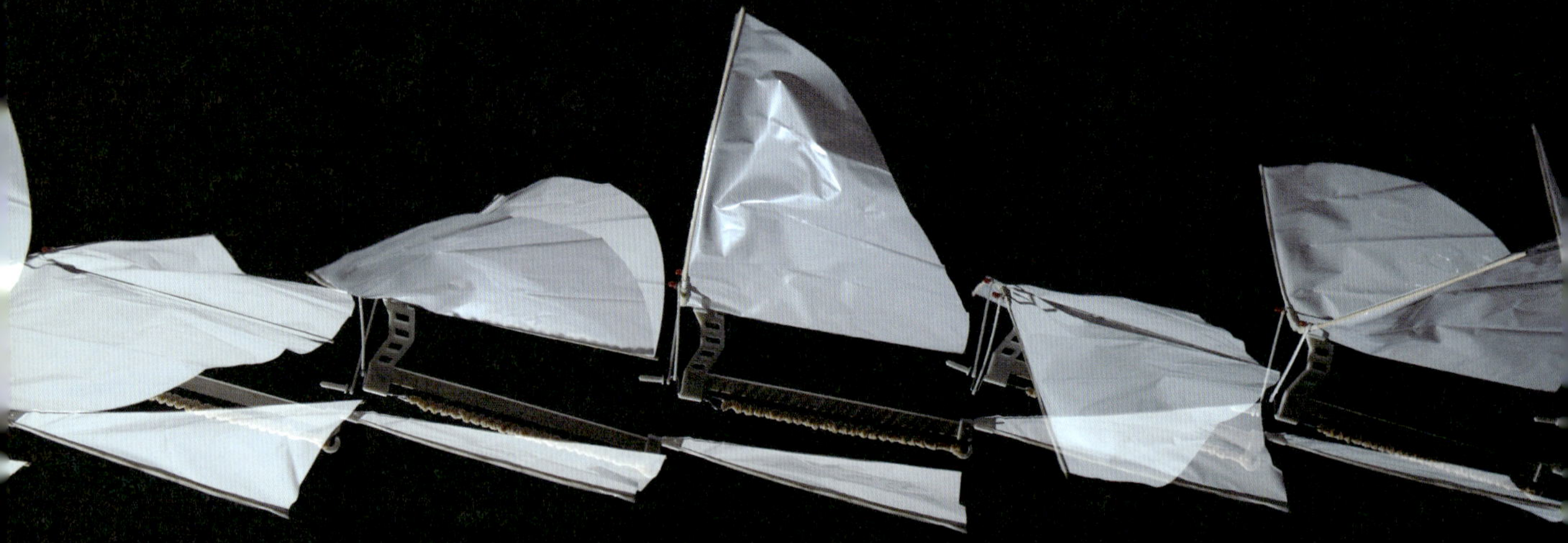

飛ぶ

跳ぶ

地面を蹴って進むのが「跳ぶ」

空中を移動するのが「飛ぶ」

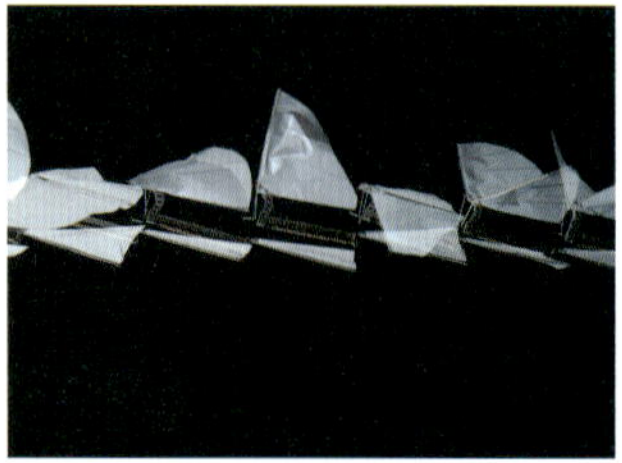

「飛ぶ」と「跳ぶ」の違いは、前者が空中を移動することを意味するのに対して、後者は地面を蹴って進む様を意味する。つまり、写真のように模型飛行機が移動する様は「飛ぶ」であり、カエルのオモチャが跳ねる様は「跳ぶ」というわけだ。なお《エレベーター内では跳んだり跳ねたりしないでください》という貼り紙を見ることがあるが、跳ぶも跳（は）ねるも意味は同じである。

「羽ばたく飛行機」と「カエルのオモチャ」

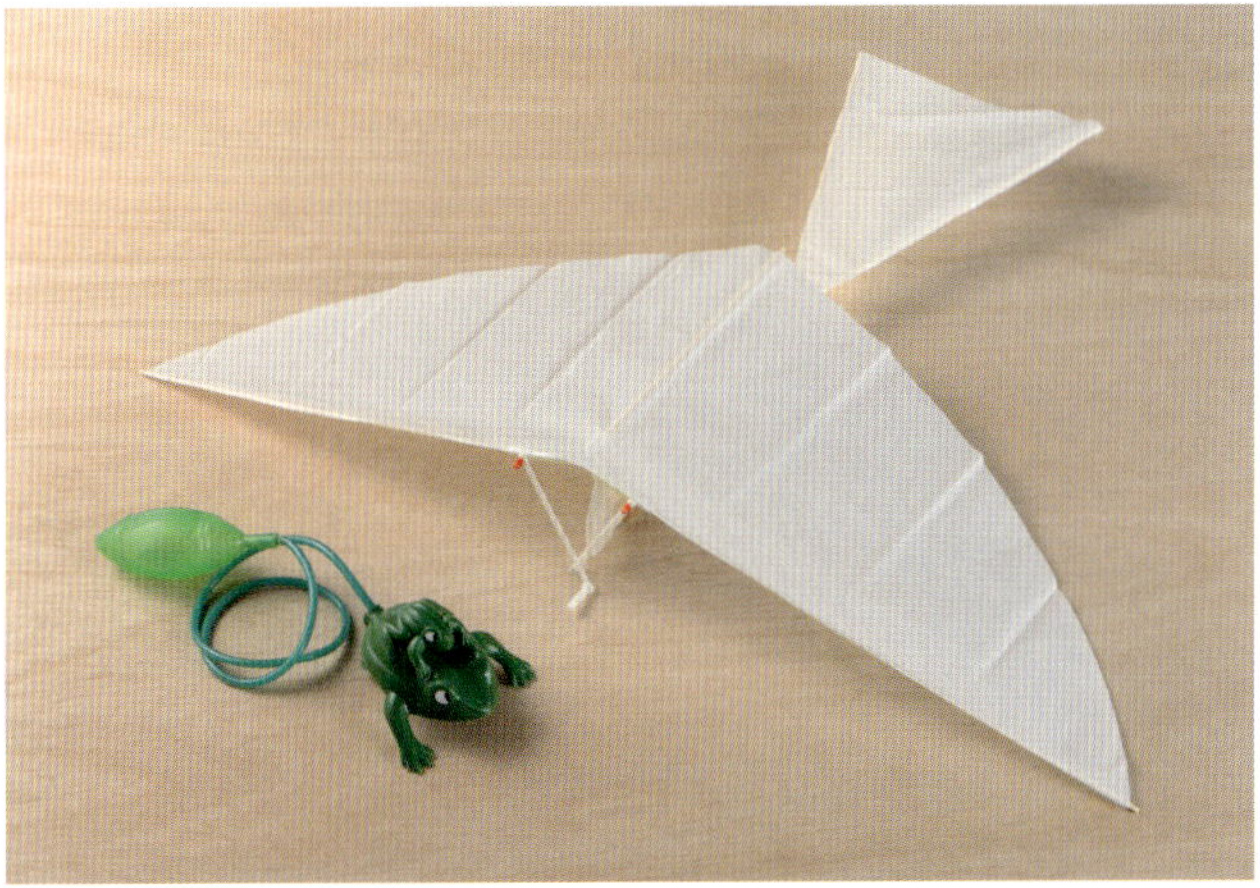

撮影に使ったのが「羽ばたく飛行機」と「カエルのオモチャ」。どちらも懐かしい品だが、インターネットではまだまだ購入可能でした。ちなみに「跳ぶ」の写真は、カエルを思い通りに跳ばすのに苦労したのもあって、40回トライした末の一枚。一方「飛ぶ」は、飛行機が安定して羽ばたいてくれたおかげもあり10回目で納得の一枚が撮れました。

羽

羽根

鳥の体に付いているのが「羽」

何気なく使っているであろう「羽」と「羽根」にも、ちゃんと使い分けの基準がある。まず「羽」は、鳥の体に付いている状態のときに用いることば。一方「羽根」は、羽が体から離れている状態のときに用いることば。つまり、飛んでいる鳥に付いているのは「羽」であり、募金したときに貰うものや、帽子や服の装飾に付けてあるのが「羽根」というわけだ。なお、昆虫のものは「翅」とも書く。

鳥の体から離れているのが「羽根」

大いなる歴史をもつ「羽根ペン」

「羽根」の使用例として長い歴史を持つのが、ペンとしての用途のものだ。いわゆる「羽根ペン」の歴史は古く、5世紀頃からギリシャなどの地でガチョウの羽根が筆記具に用いられたという。羽根の軸の部分は空洞になっているため、浸したインクが中を伝うために（いわゆる毛細管現象）ペンとして使うことができる。現在ではあまり見かけないが、今回、有名文具店において900円で購入。書いてみると、サラサラと軽快に書く感じが実に心地よかったです。見た目も豪華なので、結婚式の芳名帳用などに使ってみてはいかがでしょうか。

林

森

人間が生やしているのが「林」

自然と盛り上がったのが「森」

林と森の違いといえば、「木」の数の違いから「小さいものが林。大きいものが森」と考えている人が多いだろう。しかし林は「生（は）やす」が転じたことばで、人が生やしているから林。森は「盛り上がる」が転じたことばで、自然と盛り上がっているから森とする説もある。つまり、人が意図して生やしているものが林。自然のままのものが森というわけだ。写真の林は熊野古道のもので、森は青木ヶ原樹海のもの。こうして見比べると、人の手が加わっているか否かで、その表情は大きく変わることがよくわかる。

森の姿を感じることができる「青木ヶ原樹海」

「森」の撮影のために足を運んだのが、富士山の麓に広がる「青木ヶ原樹海」。この写真の山道入口から数歩進むだけで、自然のままに盛り上がった森というのは、まさにこういうところだろうなと思わせる空間が広がっていました。やまでカメラマンは、20年ほど前にこの地で単独キャンプをしたことがあるそうですが、当時と比べると、今は山道も整備されてずいぶん歩きやすくなっているそうです。

火

炎

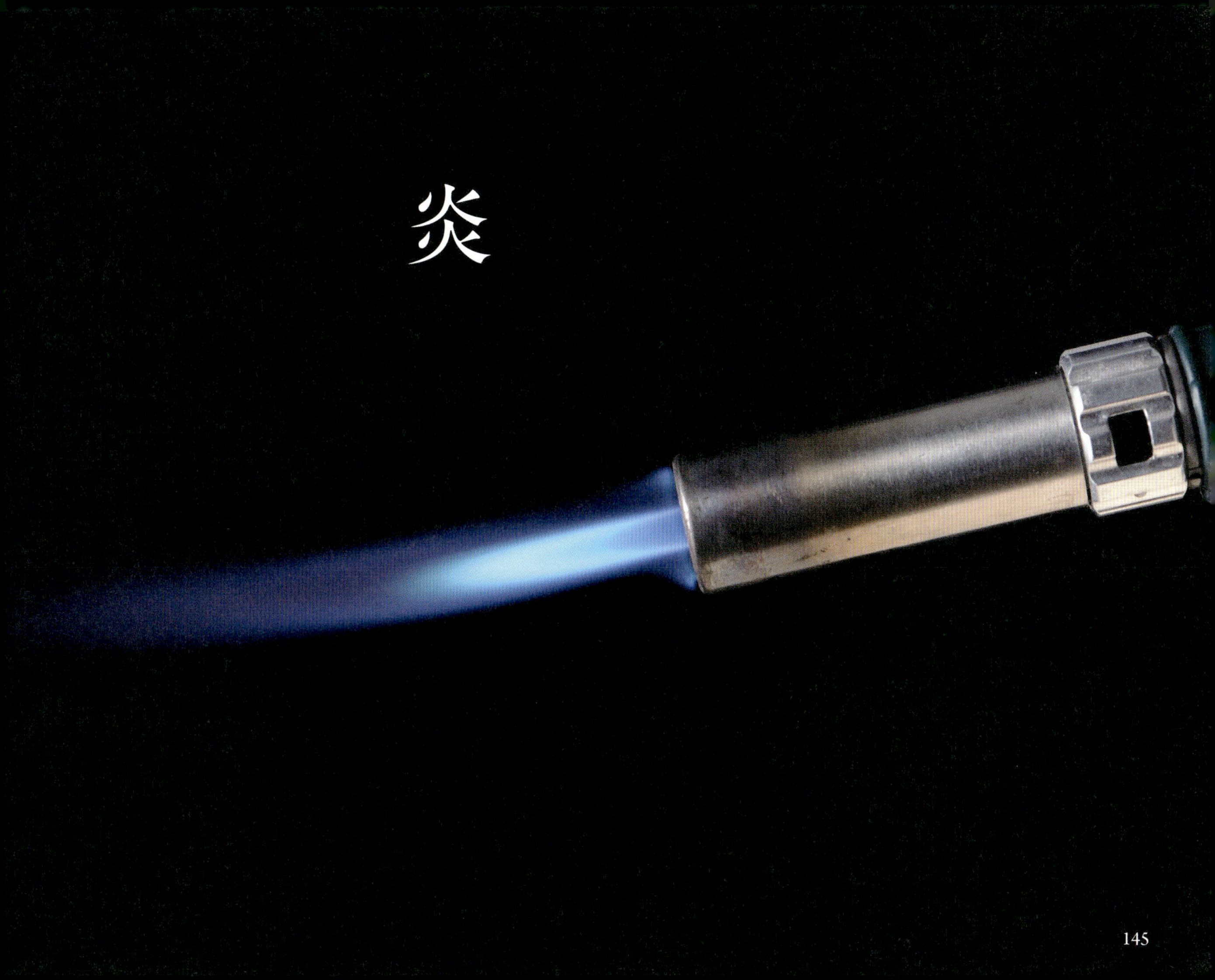

燃えている現象全般が「火」

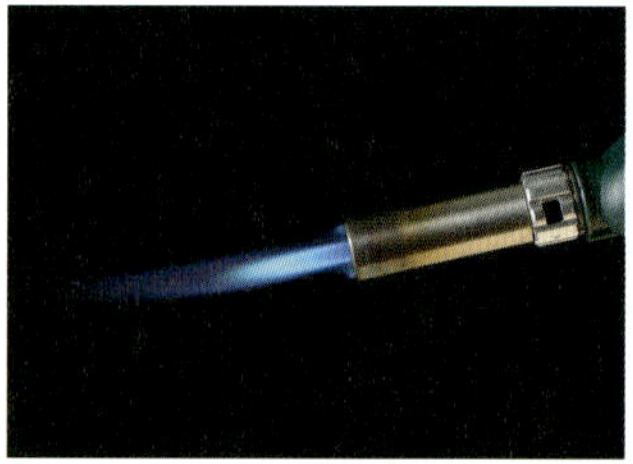

気体が燃えているのが「炎」

何となく使い分けているであろう「火」と「炎」には、こんな定義がある。まず「火」は、物質が燃焼して光と熱を発する現象の総称。これに対して「炎」とは、その「火」のなかでも特別に気体が燃焼しているときに用いることば。つまり、炭などは固体が燃えているので「火」だが、ガスは気体が燃えているので「火」ともいえるが「炎」ともいえるわけだ。英語でいえば、火は「fire（ファイヤー）」で炎は「flame（フレイム）」となる。なお、炎の語源は「火の穂（ほのほ）」であり、そもそもは火の先端部分を指していた。それゆえ、火が燃えて明るく輝く部分だけを指すときにも「炎」が用いられることがある。

火の色は何色？「炎色反応」の世界

一般には赤や青だと思われている火の色だが、アルカリ金属などを燃やすとその金属に応じた色に変化する。これを「炎色反応」といい、この写真はインターネットを通して購入した「炎色反応実験セット」を燃やしたところ。上から時計回りにバリウム、カリウム、リチウム、銅、ナトリウム、カルシウムが燃えている。我々二人で見るにはちょっともったいないくらいきれいでした。

フクロウ

ミミズク

頭に耳（羽角）があるのが「ミミズク」

頭がつるんと円いのが「フクロウ」

フクロウとミミズクの大きな違いは、ミミズクの頭上にある「羽角」（うかく）にある。ミミズクは漢字で書くと「木菟」となるが、この「菟」という字が「うさぎ」であることからも、ミミズクの特徴が耳のような羽角にあることがわかるだろう。ただ、この羽角は、実際には単なる羽で、フクロウと同じように顔の左右にある小さな穴が、本当の耳である。また名前から見ればミミズクの仲間である「アオバズク」には羽角がなく、「シマフクロウ」には羽角があるなど、その区別は曖昧。日本ではその外見から異なる呼び名を付けてきたが、学術的に見れば、両者ともに際立った差異はないというのがその実態だろう。事実、英語ではフクロウ、ミミズクともに「owl（アウル）」と表現する。

フクロウに会える「鳥のいるカフェ」

今回、撮影にご協力いただいたのが、東京都江東区木場にある「鳥のいるカフェ」。こちらは、お茶を飲みながら、店内にいるフクロウやミミズク、オウムやインコを観察することができ、会計を済ませた後には、5分間ほどこれらの鳥と触れ合うことができるお店。オーナーである鳥山美佳さんによれば、フクロウもミミズクも人に懐いてとても可愛いそうです。なお、「鳥のいるカフェ」には、浅草支店もあります。

舟

船

小さいものが「舟」

大きいものが「船」

「舟」と「船」の使い分けは実に単純で、小さいものが「舟」で、大きいものが「船」である。東京都に唯一残る渡し場「矢切の渡し」で使われているのは、「舟」。一方、神奈川県横須賀市で見学できる記念艦「三笠」は、もちろん「船」だ（ただし現在は保存・展示のため公園内の陸地に係留されている）。「舟」だけで「ふね」という意味を持つのであれば、「船」という漢字の右側は何を意味するのであろうか。一説には、「八」は「わかれる印」、「口」は「水の出る窪み」で、谷川を表すという。つまり「船」はもともと、谷川を進む舟を意味していたのだ。

イヌといっしょに乗りました

演歌にも歌われる「矢切の渡し」は、地元の住民のために幕府が作った渡し場。私たちが乗ったときは、他にお客さんがいなかったせいか、船頭さんが可愛がっているこんなイヌも一緒でした。風を受けながらのちょっとした舟旅は楽しいもの。映画『男はつらいよ』でもなじみ深い東京の柴又帝釈天からほど近いところにありますので、柴又観光のついでに乗ってみてください。なお、今は「渡し」として利用する人はほとんどいないそうです。

平行

並行

ずっと交わらない2本の線が「平行」

並んで進む2つ以上の物が「並行」

同じ「へいこう」と読む「平行」と「並行」の意味は、前者が2本の線が交わらないことであるのに対して、後者は2つ以上の物が並んで進むことである。写真のように線路のレールは「平行」であり、電車と自動車が並んで進む様は「並行」というわけだ。ちなみに写真の「並行」スポットは、東京都内で唯一電車と車が道路を並行する都電荒川線の飛鳥山と王子駅前の間。なお、いつまでも意見の一致を見ないことは、両者ともに交わらないので「議論が平行する」と書く。

「平衡」状態にある フォークのヤジロベエ

同じ「へいこう」と読むのが、釣り合いが取れているという意味の「平衡」。写真の平衡状態にあるフォークのヤジロベエは、2本のフォークの刃を重ね合わせて中央をコインで固定しただけのもの。グラスに乗せるとなかなか不思議な構図になる。簡単にできるので、一度挑戦してみてください。

交ぜる

混ぜる

元の物質を見分けられないのが「混ぜる」

元の物質を見分けられるのが「交ぜる」

日頃、何気なく使う「まぜる」ということばにも、その状態によって使い分ける2つの「まぜる」がある。まず「交ぜる」は、交ぜたあとも元の物質を見分けることができる状態のときに用いることば。写真のように数種類の豆をブレンドした場合、素人目には違いがあまりわからないが、プロが見ればはっきりと元の豆を選別できるので「交ぜる」が相応しい。一方「混ぜる」は、混ぜたあとに元の物質を見分けることができなくなる場合に用いることば。コーヒーにミルクを入れ、スプーンで混ぜれば元のミルクは選別できなくなるので「混ぜる」が正しい。「混」という字には、水を表すサンズイ偏が付いていることからも、液体には「混ぜる」を用いるのが正しいことがわかる。

読書しながら味わいたい「ムーンファクトリーコーヒー」のブレンド

ブレンドコーヒーといえば、数種類の豆を交ぜたコーヒーのこと。「とりあえず」と何気なく頼む人も多いだろうが、店にとっては大事な看板商品で、店主が望みの味を出すために苦心して豆を交ぜた末に生み出されたものだ。今回、撮影させていただいたのは東京・三軒茶屋にある「ムーンファクトリーコーヒー」の看板商品「EFブレンド５」。店内は読書にうってつけの空間なので、ぜひお気に入りの本を持ってこのブレンドを味わいに行ってみてください。

街

コンタクトのアイシティ
当ビル5階
利用者数
プライス
CAFÉ RESTAURANT GUSTO
7F
Café レストラン ガスト
AEON 英会話イーオン 6F
Hisamitsu
サロンパス
iTSCOM
STARBUCKS COFFEE
ハチ公前
ティップ.クロス TOKYO 渋谷
渋谷ロフト前

町

商店が並ぶ賑やかなところが「街」

人家が並ぶ静かなところが「町」

「まち」ということばを表す「街」と「町」をわかりやすく分類すれば、商店が並ぶ賑やかなところが「街」で、人家が並ぶ静かなところが「町」といえるだろう。写真は、渋谷駅を発着するバスが「街」と「町」にいる風景。なお、地域や行政区画を言い表すときに用いる「町」はその範囲が広く、店などが並ぶ街路を指す「街」は、その「町」の一部と定義することもできる。

街路樹は「街」にある

市街地の道路沿いに植えられている木を「街路樹」と呼ぶが、これは街の環境のためだけでなく、歩行者のための日陰を作るという目的もある。街路樹が植えられる場所は、車の排気ガスが多いなど環境的に厳しいところが多いので、ケヤキなど耐性の強い樹木が選ばれるという。今、流行りの「街」といえば「街コン」だろうか。ある地域に在る複数の飲食店を舞台にした合コンイベントだが、これも賑やかな商店地区で行なわれるから「街コン」なのです。ちなみに行ったことはありません。

丸い

円い

球体の丸が「丸い」

平面の円が「円い」

「まるい」ということばも2通りある。使い分ける基準は、球体に用いるのが「丸い」で、平面の円形に用いるのが「円い」。とてもわかりやすい使い分けだが、国旗の「日の丸」はどうだろう。日の丸は、平面なので法則に従えば「日の円」が正しいような気もするが、そもそも球体の太陽がモチーフゆえ「日の丸」なのだろう。なお、マンホールが円形なのは、蓋（ふた）が穴に落下するのを防ぐため。四角や三角では、角度によっては穴に落ちてしまうのだ。ちなみにマンホールは、地域によって独自にデザインされたものが多数ある。写真は、山中湖の近くで見かけた富士山をデザインしたもの。

謎の球体はタイムマシーン？

「丸い」の解説に用いたこの球体は、東京都葛飾区新宿にある公園に置かれたもの。その存在感から注目を集め、一部では「タイムマシーン？」などとも噂されているが、その正体は「地球釜」とも呼ばれる蒸し釜。かつてこの地には、三菱製紙の工場があり、そこで損紙を再生するために使われたという。内径4メートルを超えるこの釜の中に損紙5トンと水9千リットルを入れて毎分1回転の速度で回転させながら蒸気を注入して蒸し、紙の繊維をほぐして再生紙の原料にしたそうだ。平成15年に工場は移転したが、この釜はかつてこの地で製紙産業が盛んであったことを示すモニュメントとして残されたそうです。

文・おかべたかし

二人でカバーの試作を見ていたとき、カメラマンの山出高士さんが「俺の名前を『やまでたかし』にしたら『おかべたかし』と似ていることばになって面白くない？」といったのです。「たしかに（笑）」ということで、山出さんは「やまで」さんになりました。些細な遊び心ですが、この本は、こんな閃きやアイデアに満ちた本になりました。

デザイナーの佐藤美幸さんは、「対照／対称」といった各項目のことばを写真に応じて配置してくれました。写真のページが、とても動きのあるものになったのもこんなアイデアの賜物です。

『目でみることば』の刊行後から、別のアプローチでことばを題材にした写真集が作れないかと考えていました。そんなときに《林は人が生やしたもの。森は自然と盛り上がったもの》という説を知り「似ていることば」を撮るというアイデアが浮かびました。このアイデアが、次々とアイデアを呼び起こし、こんな素敵な本になったことをとても嬉しく思っています。

本書は、撮影にご協力くださったみなさんの力添えがなければできませんでした。改めて御礼申し上げます。やまでさんはもちろんのこと、デザイナーの佐藤さん、東京書籍の藤田六郎さんにも大いなる感謝を送ります。

写真・やまでたかし

ともに小学生男子の子どもを持ち、土日はその子どもが所属するサッカーチームに足繁く通い、やったこともないサッカーを四苦八苦しながら教え、Jリーグでは青赤のチームが勝てば良いと願っている。

関西方面の出身ではあるが「なんでやねん!」とはほとんど口にせず、蕎麦が好き。眼鏡をかけ、中肉中背、齢は不惑を過ぎ天命を知らず。

見分ける方法は大きなカメラを持っている方が「やまで」で、話してインテリジェンスを感じる方が「おかべ」である。

性格はともに温厚で、少々のことなら「まあまあ」と荒立てず、平穏な日々を願っている。そんな二人の「たかし」が勇気を持って、世の中の似た者同士を比べて解説してみました。皆様のモヤモヤが少しでも晴れてくれれば嬉しく思います。

もう一人の「たかし」のおかべさん、鞭を入れ続けてくれた東京書籍の藤田六郎さん、美しく仕上げてくれたデザイナーの佐藤さん、取材撮影にご協力いただきました皆様、ありがとうございました。

撮影協力　＊敬称略

江戸川ばし　浪花家

おかべかなこ

おかべともや

神楽坂　暮らす。

株式会社 舟和本店

株式会社 渡辺教具製作所

記念艦「三笠」

しながわ水族館

増上寺

鳥のいるカフェ

バー リズム

フルーツパーラー フクナガ

南足柄市 産業振興課

ムーンファクトリーコーヒー

目黒区めぐろ歴史資料館

やきとり大将

山中湖村

有限会社　樋川商店

横浜亜熱帯茶館～爬虫類 Cafe ～

主要参考文献

『角川類語新辞典』
（iPhone アプリ／物書堂）

『広辞苑（第四版）』
（新村出・編／岩波書店）

『語源海』
（杉本つとむ・著／東京書籍）

『昆虫のふしぎ』
（寺山守・監修／ポプラ社）

『知って得する２つの違い』
（違いがわかる大集団・編／廣済堂文庫）

『しらべ図鑑　マナベディア　世界の国旗』
（グループ・コロンブス・構成／講談社）

『小学漢字学習辞典』
（下村昇・編著／偕成社）

『大辞林』
（iPhone アプリ／物書堂）

『ちびまる子ちゃんの似たもの漢字使い分け教室』
（関根健一・著、さくらももこ・キャラクター原作／集英社）

『ドラえもんの国語おもしろ攻略 漢字・熟語を使い分ける』
（下村昇・指導、藤子・F・不二雄プロ・監修／小学館）

『日本語クイズ　似ている言葉どう違う？』
（日本語表現研究会・著／二見書房）

『日本語使い分け事典』
（ライフサポート・ネットワーク・編著／幻冬舎文庫）

『みんなの日本語辞典』
（中山緑朗、飯田晴巳、陳力衛、木村義之、木村一・編／明治書院）

おかべたかし

（岡部敬史）

1972年京都府生まれ。早稲田大学第一文学部卒。出版社勤務後、編集者、ライター、脚本家として活動。著書に『目でみることば』『目でみることば2』（東京書籍）、『赤ちゃんを爆笑させる方法』（学習研究社）、『Web2.0殺人事件』（イースト・プレス）など、漫画脚本作品に『ヒーローマスク』（画・鶴ゆみか／小学館クリエイティブ）がある。個人ブログ「おかべたかしの編集記」。

やまでたかし

（山出高士）

1970年三重県生まれ。梅田雅揚氏に師事後、1995年よりフリーランスカメラマン。『散歩の達人』（交通新聞社）、『DIME』（小学館）などの雑誌媒体のほか「川崎大師」のポスターも手がける。2007年より小さなスタジオ「ガマスタ」を構え活動中。著書に『目でみることば』『目でみることば2』（東京書籍）がある。『人生が変わる！特選　昆虫料理50』（木谷美咲、内山昭一・著／山と溪谷社）、『新版 写真いっぱい！かわいいうさぎ 品種＆飼い方』（斉藤久美子・監修／西東社）でも写真を担当。

似《に》ていることば
2014年 8月25日　第1刷発行
2014年10月24日　第4刷発行

おかべたかし・文

やまでたかし・写真

発行者　川畑慈範
発行所　東京書籍株式会社
〒114-8524 東京都北区堀船 2-17-1
03-5390-7531（営業）
03-5390-7500（編集）

デザイン　佐藤美幸（keekuu design labo）
編集協力　（有）taco studio

印刷・製本　株式会社リーブルテック

ISBN978-4-487-80894-6 C0081

Printed in Japan

出版情報　http://www.tokyo-shoseki.co.jp
乱丁・落丁の場合はお取り替えいたします。